AF477193

2019

Agenda Semainier

CET AGENDA APPARTIENT À

____

____

____

____

Aperçu annuel

	Janvier	Février	Mars	Avril	Mai	Juin
1	Mar	Ven	Ven	Lun	Mer	Sam
2	Mer	Sam	Sam	Mar	Jeu	Dim
3	Jeu	Dim	Dim	Mer	Ven	Lun
4	Ven	Lun	Lun	Jeu	Sam	Mar
5	Sam	Mar	Mar	Ven	Dim	Mer
6	Dim	Mer	Mer	Sam	Lun	Jeu
7	Lun	Jeu	Jeu	Dim	Mar	Ven
8	Mar	Ven	Ven	Lun	Mer	Sam
9	Mer	Sam	Sam	Mar	Jeu	Dim
10	Jeu	Dim	Dim	Mer	Ven	Lun
11	Ven	Lun	Lun	Jeu	Sam	Mar
12	Sam	Mar	Mar	Ven	Dim	Mer
13	Dim	Mer	Mer	Sam	Lun	Jeu
14	Lun	Jeu	Jeu	Dim	Mar	Ven
15	Mar	Ven	Ven	Lun	Mer	Sam
16	Mer	Sam	Sam	Mar	Jeu	Dim
17	Jeu	Dim	Dim	Mer	Ven	Lun
18	Ven	Lun	Lun	Jeu	Sam	Mar
19	Sam	Mar	Mar	Ven	Dim	Mer
20	Dim	Mer	Mer	Sam	Lun	Jeu
21	Lun	Jeu	Jeu	Dim	Mar	Ven
22	Mar	Ven	Ven	Lun	Mer	Sam
23	Mer	Sam	Sam	Mar	Jeu	Dim
24	Jeu	Dim	Dim	Mer	Ven	Lun
25	Ven	Lun	Lun	Jeu	Sam	Mar
26	Sam	Mar	Mar	Ven	Dim	Mer
27	Dim	Mer	Mer	Sam	Lun	Jeu
28	Lun	Jeu	Jeu	Dim	Mar	Ven
29	Mar		Ven	Lun	Mer	Sam
30	Mer		Sam	Mar	Jeu	Dim
31	Jeu		Dim		Ven	

2019

Juillet	Août	Septembre	Octobre	Novembre	Décembre	
Lun	Jeu	Dim	Mar	Ven	Dim	1
Mar	Ven	Lun	Mer	Sam	Lun	2
Mer	Sam	Mar	Jeu	Dim	Mar	3
Jeu	Dim	Mer	Ven	Lun	Mer	4
Ven	Lun	Jeu	Sam	Mar	Jeu	5
Sam	Mar	Ven	Dim	Mer	Ven	6
Dim	Mer	Sam	Lun	Jeu	Sam	7
Lun	Jeu	Dim	Mar	Ven	Dim	8
Mar	Ven	Lun	Mer	Sam	Lun	9
Mer	Sam	Mar	Jeu	Dim	Mar	10
Jeu	Dim	Mer	Ven	Lun	Mer	11
Ven	Lun	Jeu	Sam	Mar	Jeu	12
Sam	Mar	Ven	Dim	Mer	Ven	13
Dim	Mer	Sam	Lun	Jeu	Sam	14
Lun	Jeu	Dim	Mar	Ven	Dim	15
Mar	Ven	Lun	Mer	Sam	Lun	16
Mer	Sam	Mar	Jeu	Dim	Mar	17
Jeu	Dim	Mer	Ven	Lun	Mer	18
Ven	Lun	Jeu	Sam	Mar	Jeu	19
Sam	Mar	Ven	Dim	Mer	Ven	20
Dim	Mer	Sam	Lun	Jeu	Sam	21
Lun	Jeu	Dim	Mar	Ven	Dim	22
Mar	Ven	Lun	Mer	Sam	Lun	23
Mer	Sam	Mar	Jeu	Dim	Mar	24
Jeu	Dim	Mer	Ven	Lun	Mer	25
Ven	Lun	Jeu	Sam	Mar	Jeu	26
Sam	Mar	Ven	Dim	Mer	Ven	27
Dim	Mer	Sam	Lun	Jeu	Sam	28
Lun	Jeu	Dim	Mar	Ven	Dim	29
Mar	Ven	Lun	Mer	Sam	Lun	30
Mer	Sam		Jeu		Mar	31

Aperçu annuel

	Janvier	Février	Mars	Avril	Mai	Juin
1	Mer	Sam	Dim	Mer	Ven	Lun
2	Jeu	Dim	Lun	Jeu	Sam	Mar
3	Ven	Lun	Mar	Ven	Dim	Mer
4	Sam	Mar	Mer	Sam	Lun	Jeu
5	Dim	Mer	Jeu	Dim	Mar	Ven
6	Lun	Jeu	Ven	Lun	Mer	Sam
7	Mar	Ven	Sam	Mar	Jeu	Dim
8	Mer	Sam	Dim	Mer	Ven	Lun
9	Jeu	Dim	Lun	Jeu	Sam	Mar
10	Ven	Lun	Mar	Ven	Dim	Mer
11	Sam	Mar	Mer	Sam	Lun	Jeu
12	Dim	Mer	Jeu	Dim	Mar	Ven
13	Lun	Jeu	Ven	Lun	Mer	Sam
14	Mar	Ven	Sam	Mar	Jeu	Dim
15	Mer	Sam	Dim	Mer	Ven	Lun
16	Jeu	Dim	Lun	Jeu	Sam	Mar
17	Ven	Lun	Mar	Ven	Dim	Mer
18	Sam	Mar	Mer	Sam	Lun	Jeu
19	Dim	Mer	Jeu	Dim	Mar	Ven
20	Lun	Jeu	Ven	Lun	Mer	Sam
21	Mar	Ven	Sam	Mar	Jeu	Dim
22	Mer	Sam	Dim	Mer	Ven	Lun
23	Jeu	Dim	Lun	Jeu	Sam	Mar
24	Ven	Lun	Mar	Ven	Dim	Mer
25	Sam	Mar	Mer	Sam	Lun	Jeu
26	Dim	Mer	Jeu	Dim	Mar	Ven
27	Lun	Jeu	Ven	Lun	Mer	Sam
28	Mar	Ven	Sam	Mar	Jeu	Dim
29	Mer	Sam	Dim	Mer	Ven	Lun
30	Jeu		Lun	Jeu	Sam	Mar
31	Ven		Mar		Dim	

2020

Juillet	Août	Septembre	Octobre	Novembre	Décembre	
Mer	Sam	Mar	Jeu	Dim	Mar	1
Jeu	Dim	Mer	Ven	Lun	Mer	2
Ven	Lun	Jeu	Sam	Mar	Jeu	3
Sam	Mar	Ven	Dim	Mer	Ven	4
Dim	Mer	Sam	Lun	Jeu	Sam	5
Lun	Jeu	Dim	Mar	Ven	Dim	6
Mar	Ven	Lun	Mer	Sam	Lun	7
Mer	Sam	Mar	Jeu	Dim	Mar	8
Jeu	Dim	Mer	Ven	Lun	Mer	9
Ven	Lun	Jeu	Sam	Mar	Jeu	10
Sam	Mar	Ven	Dim	Mer	Ven	11
Dim	Mer	Sam	Lun	Jeu	Sam	12
Lun	Jeu	Dim	Mar	Ven	Dim	13
Mar	Ven	Lun	Mer	Sam	Lun	14
Mer	Sam	Mar	Jeu	Dim	Mar	15
Jeu	Dim	Mer	Ven	Lun	Mer	16
Ven	Lun	Jeu	Sam	Mar	Jeu	17
Sam	Mar	Ven	Dim	Mer	Ven	18
Dim	Mer	Sam	Lun	Jeu	Sam	19
Lun	Jeu	Dim	Mar	Ven	Dim	20
Mar	Ven	Lun	Mer	Sam	Lun	21
Mer	Sam	Mar	Jeu	Dim	Mar	22
Jeu	Dim	Mer	Ven	Lun	Mer	23
Ven	Lun	Jeu	Sam	Mar	Jeu	24
Sam	Mar	Ven	Dim	Mer	Ven	25
Dim	Mer	Sam	Lun	Jeu	Sam	26
Lun	Jeu	Dim	Mar	Ven	Dim	27
Mar	Ven	Lun	Mer	Sam	Lun	28
Mer	Sam	Mar	Jeu	Dim	Mar	29
Jeu	Dim	Mer	Ven	Lun	Mer	30
Ven	Lun		Sam		Jeu	31

Janvier

LUN	MAR	MER	JEU	VEN	SAM	DIM
	1	2	3	4	5	6
7	8	9	10	11	12	13
14	15	16	17	18	19	20
21	22	23	24	25	26	27
28	29	30	31			

IMPORTANT CE MOIS-CI

De l'argile nous faisons un pot, mais c'est le vide à
l'intérieur qui retient ce que nous voulons.   Lao Tseu

NOTES

MES TÂCHES À FAIRE

LOISIRS

OBJECTIFS

Janvier

31 LUNDI	1 MARDI

2 MERCREDI	3 JEUDI

4 VENDREDI

Janvier						
L	M	M	J	V	S	D
	1	2	3	4	5	6
7	8	9	10	11	12	13
14	15	16	17	18	19	20
21	22	23	24	25	26	27
28	29	30	31			

5 SAMEDI

6 DIMANCHE

Notes

Janvier

7 LUNDI

8 MARDI

9 MERCREDI

10 JEUDI

11 VENDREDI

Janvier						
L	M	M	J	V	S	D
	1	2	3	4	5	6
7	8	9	10	11	12	13
14	15	16	17	18	19	20
21	22	23	24	25	26	27
28	29	30	31			

12 SAMEDI

13 DIMANCHE

Notes

Janvier

14 LUNDI

15 MARDI

16 MERCREDI

17 JEUDI

18 VENDREDI

19 SAMEDI

20 DIMANCHE

Janvier

L	M	M	J	V	S	D
	1	2	3	4	5	6
7	8	9	10	11	12	13
14	15	16	17	18	19	20
21	22	23	24	25	26	27
28	29	30	31			

Notes

Janvier

21 LUNDI

22 MARDI

23 MERCREDI

24 JEUDI

25 VENDREDI

	Janvier					
L	M	M	J	V	S	D
	1	2	3	4	5	6
7	8	9	10	11	12	13
14	15	16	17	18	19	20
21	22	23	24	25	26	27
28	29	30	31			

Notes

26 SAMEDI

27 DIMANCHE

Janvier

28 LUNDI

29 MARDI

30 MERCREDI

31 JEUDI

1 VENDREDI

Février						
L	M	M	J	V	S	D
				1	2	3
4	5	6	7	8	9	10
11	12	13	14	15	16	17
18	19	20	21	22	23	24
25	26	27	28			

Notes

2 SAMEDI

3 DIMANCHE

Février

LUN	MAR	MER	JEU	VEN	SAM	DIM
28	29	30	31	1	2	3
4	5	6	7	8	9	10
11	12	13	14	15	16	17
18	19	20	21	22	23	24
25	26	27	28	1	2	3

IMPORTANT CE MOIS-CI

Notes

Mes tâches à faire

Loisirs

Objectifs

Février

4 LUNDI

5 MARDI

6 MERCREDI

7 JEUDI

8 VENDREDI

Février						
L	M	M	J	V	S	D
				1	2	3
4	5	6	7	8	9	10
11	12	13	14	15	16	17
18	19	20	21	22	23	24
25	26	27	28			

9 SAMEDI

10 DIMANCHE

Notes

Février

11 LUNDI

12 MARDI

13 MERCREDI

14 JEUDI

15 VENDREDI

16 SAMEDI

17 DIMANCHE

Février

L	M	M	J	V	S	D
				1	2	3
4	5	6	7	8	9	10
11	12	13	14	15	16	17
18	19	20	21	22	23	24
25	26	27	28			

Notes

Février

18 LUNDI

19 MARDI

20 MERCREDI

21 JEUDI

22 VENDREDI

	Février					
L	M	M	J	V	S	D
				1	2	3
4	5	6	7	8	9	10
11	12	13	14	15	16	17
18	19	20	21	22	23	24
25	26	27	28			

Notes

23 SAMEDI

24 DIMANCHE

Février

25 LUNDI

26 MARDI

27 MERCREDI

28 JEUDI

1 VENDREDI

			Mars			
L	M	M	J	V	S	D
				1	2	3
4	5	6	7	8	9	10
11	12	13	14	15	16	17
18	19	20	21	22	23	24
25	26	27	28	29	30	31

2 SAMEDI

3 DIMANCHE

Notes

Mars

LUN	MAR	MER	JEU	VEN	SAM	DIM
25	26	27	28	1	2	3
4	5	6	7	8	9	10
11	12	13	14	15	16	17
18	19	20	21	22	23	24
25	26	27	28	29	30	31
LUN	MAR	MER	JEU	VEN	SAM	DIM

IMPORTANT CE MOIS-CI

NOTES

MES TÂCHES À FAIRE

LOISIRS

OBJECTIFS

4 LUNDI

5 MARDI

6 MERCREDI

7 JEUDI

8 VENDREDI

Mars						
L	M	M	J	V	S	D
				1	2	3
4	5	6	7	8	9	10
11	12	13	14	15	16	17
18	19	20	21	22	23	24
25	26	27	28	29	30	31

Notes

9 SAMEDI

10 DIMANCHE

Mars

11 LUNDI

12 MARDI

13 MERCREDI

14 JEUDI

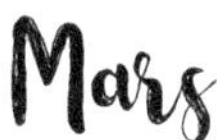

15 VENDREDI

Mars

L	M	M	J	V	S	D
				1	2	3
4	5	6	7	8	9	10
11	12	13	14	15	16	17
18	19	20	21	22	23	24
25	26	27	28	29	30	31

16 SAMEDI

17 DIMANCHE

Notes

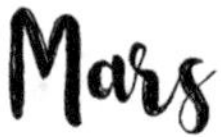

Mars

18 LUNDI

19 MARDI

20 MERCREDI

21 JEUDI

22 VENDREDI

Mars						
L	M	M	J	V	S	D
				1	2	3
4	5	6	7	8	9	10
11	12	13	14	15	16	17
18	19	20	21	22	23	24
25	26	27	28	29	30	31

23 SAMEDI

24 DIMANCHE

Notes

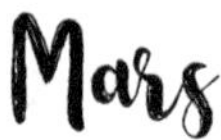

Mars

25 LUNDI

26 MARDI

27 MERCREDI

28 JEUDI

29 VENDREDI

30 SAMEDI

31 DIMANCHE

Mars

L	M	M	J	V	S	D
				1	2	3
4	5	6	7	8	9	10
11	12	13	14	15	16	17
18	19	20	21	22	23	24
25	26	27	28	29	30	31

Notes

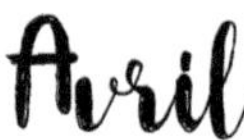

Avril

Lun	Mar	Mer	Jeu	Ven	Sam	Dim
1	2	3	4	5	6	7
8	9	10	11	12	13	14
15	16	17	18	19	20	21
22	23	24	25	26	27	28
29	30	1	2	3	4	5

Important ce mois-ci

NOTES

MES TÂCHES À FAIRE

LOISIRS

OBJECTIFS

Avril

1 LUNDI

2 MARDI

3 MERCREDI

4 JEUDI

5 VENDREDI

Avril						
L	M	M	J	V	S	D
1	2	3	4	5	6	7
8	9	10	11	12	13	14
15	16	17	18	19	20	21
22	23	24	25	26	27	28
29	30					

6 SAMEDI

7 DIMANCHE

Notes

Avril

8 LUNDI

9 MARDI

10 MERCREDI

11 JEUDI

12 VENDREDI

Avril						
L	M	M	J	V	S	D
1	2	3	4	5	6	7
8	9	10	11	12	13	14
15	16	17	18	19	20	21
22	23	24	25	26	27	28
29	30					

13 SAMEDI

Notes

14 DIMANCHE

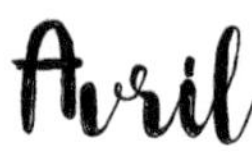

Avril

15 LUNDI

16 MARDI

17 MERCREDI

18 JEUDI

19 VENDREDI

<table>
<tr><td colspan="7" align="center">Avril</td></tr>
<tr><td>L</td><td>M</td><td>M</td><td>J</td><td>V</td><td>S</td><td>D</td></tr>
<tr><td>1</td><td>2</td><td>3</td><td>4</td><td>5</td><td>6</td><td>7</td></tr>
<tr><td>8</td><td>9</td><td>10</td><td>11</td><td>12</td><td>13</td><td>14</td></tr>
<tr><td>15</td><td>16</td><td>17</td><td>18</td><td>19</td><td>20</td><td>21</td></tr>
<tr><td>22</td><td>23</td><td>24</td><td>25</td><td>26</td><td>27</td><td>28</td></tr>
<tr><td>29</td><td>30</td><td></td><td></td><td></td><td></td><td></td></tr>
</table>

Notes

20 SAMEDI

21 DIMANCHE

Avril

22 LUNDI

23 MARDI

24 MERCREDI

25 JEUDI

26 VENDREDI

Avril						
L	M	M	J	V	S	D
1	2	3	4	5	6	7
8	9	10	11	12	13	14
15	16	17	18	19	20	21
22	23	24	25	26	27	28
29	30					

27 SAMEDI

28 DIMANCHE

Notes

Avril

29 LUNDI

30 MARDI

1 MERCREDI

2 JEUDI

3 VENDREDI

			Mai			
L	M	M	J	V	S	D
		1	2	3	4	5
6	7	8	9	10	11	12
13	14	15	16	17	18	19
20	21	22	23	24	25	26
27	28	29	30	31		

4 SAMEDI

5 DIMANCHE

Notes

Mai

LUN	MAR	MER	JEU	VEN	SAM	DIM
29	30	1	2	3	4	5
6	7	8	9	10	11	12
13	14	15	16	17	18	19
20	21	22	23	24	25	26
27	28	29	30	31	1	2

IMPORTANT CE MOIS-CI

____

____

____

____

____

____

____

Notes

Mes tâches à faire

Loisirs

Objectifs

Mai

6 LUNDI	7 MARDI

8 MERCREDI	9 JEUDI

10 VENDREDI

____
____
____
____
____
____
____
____
____
____
____

11 SAMEDI

____
____
____
____
____

12 DIMANCHE

____
____
____
____

Mai

L	M	M	J	V	S	D
		1	2	3	4	5
6	7	8	9	10	11	12
13	14	15	16	17	18	19
20	21	22	23	24	25	26
27	28	29	30	31		

Notes

____
____
____
____
____
____
____
____
____
____
____
____
____
____
____
____
____
____

Mai

13 LUNDI

14 MARDI

15 MERCREDI

16 JEUDI

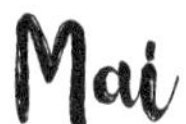

17 VENDREDI

18 SAMEDI

19 DIMANCHE

		Mai				
L	M	M	J	V	S	D
		1	2	3	4	5
6	7	8	9	10	11	12
13	14	15	16	17	18	19
20	21	22	23	24	25	26
27	28	29	30	31		

Notes

Mai

20 LUNDI

21 MARDI

22 MERCREDI

23 JEUDI

24 VENDREDI

<table>
<tr><td colspan="7" align="center">Mai</td></tr>
<tr><td>L</td><td>M</td><td>M</td><td>J</td><td>V</td><td>S</td><td>D</td></tr>
<tr><td></td><td></td><td>1</td><td>2</td><td>3</td><td>4</td><td>5</td></tr>
<tr><td>6</td><td>7</td><td>8</td><td>9</td><td>10</td><td>11</td><td>12</td></tr>
<tr><td>13</td><td>14</td><td>15</td><td>16</td><td>17</td><td>18</td><td>19</td></tr>
<tr><td>20</td><td>21</td><td>22</td><td>23</td><td>24</td><td>25</td><td>26</td></tr>
<tr><td>27</td><td>28</td><td>29</td><td>30</td><td>31</td><td></td><td></td></tr>
</table>

25 SAMEDI

26 DIMANCHE

Notes

Mai

27 LUNDI

28 MARDI

29 MERCREDI

30 JEUDI

31 VENDREDI

1 SAMEDI

2 DIMANCHE

			Juin			
L	M	M	J	V	S	D
					1	2
3	4	5	6	7	8	9
10	11	12	13	14	15	16
17	18	19	20	21	22	23
24	25	26	27	28	29	30

Notes

Juin

Lun	Mar	Mer	Jeu	Ven	Sam	Dim
27	28	29	30	31	1	2
3	4	5	6	7	8	9
10	11	12	13	14	15	16
17	18	19	20	21	22	23
24	25	26	27	28	29	30

Important ce mois-ci

Notes

Mes tâches à faire

Loisirs

Objectifs

Juin

3 LUNDI	4 MARDI

5 MERCREDI	6 JEUDI

Juin

7 VENDREDI

<table>
<tr><td colspan="7" align="center">Juin</td></tr>
<tr><td>L</td><td>M</td><td>M</td><td>J</td><td>V</td><td>S</td><td>D</td></tr>
<tr><td></td><td></td><td></td><td></td><td></td><td>1</td><td>2</td></tr>
<tr><td>3</td><td>4</td><td>5</td><td>6</td><td>7</td><td>8</td><td>9</td></tr>
<tr><td>10</td><td>11</td><td>12</td><td>13</td><td>14</td><td>15</td><td>16</td></tr>
<tr><td>17</td><td>18</td><td>19</td><td>20</td><td>21</td><td>22</td><td>23</td></tr>
<tr><td>24</td><td>25</td><td>26</td><td>27</td><td>28</td><td>29</td><td>30</td></tr>
</table>

8 SAMEDI

9 DIMANCHE

Notes

10 LUNDI

11 MARDI

12 MERCREDI

13 JEUDI

14 VENDREDI

			Juin			
L	M	M	J	V	S	D
					1	2
3	4	5	6	7	8	9
10	11	12	13	14	15	16
17	18	19	20	21	22	23
24	25	26	27	28	29	30

Notes

15 SAMEDI

16 DIMANCHE

Juin

17 LUNDI

18 MARDI

19 MERCREDI

20 JEUDI

21 VENDREDI

Juin						
L	M	M	J	V	S	D
					1	2
3	4	5	6	7	8	9
10	11	12	13	14	15	16
17	18	19	20	21	22	23
24	25	26	27	28	29	30

22 SAMEDI

23 DIMANCHE

Notes

24 LUNDI

25 MARDI

26 MERCREDI

27 JEUDI

28 VENDREDI

Juin						
L	M	M	J	V	S	D
					1	2
3	4	5	6	7	8	9
10	11	12	13	14	15	16
17	18	19	20	21	22	23
24	25	26	27	28	29	30

29 SAMEDI

30 DIMANCHE

Notes

Juillet

Lun	Mar	Mer	Jeu	Ven	Sam	Dim
1	2	3	4	5	6	7
8	9	10	11	12	13	14
15	16	17	18	19	20	21
22	23	24	25	26	27	28
29	30	31	1	2	3	4

Important ce mois-ci

Notes

Mes tâches à faire

Loisirs

Objectifs

Juillet

1 LUNDI

2 MARDI

3 MERCREDI

4 JEUDI

5 VENDREDI

Juillet

L	M	M	J	V	S	D
1	2	3	4	5	6	7
8	9	10	11	12	13	14
15	16	17	18	19	20	21
22	23	24	25	26	27	28
29	30	31				

6 SAMEDI

7 DIMANCHE

Notes

Juillet

8 LUNDI

9 MARDI

10 MERCREDI

11 JEUDI

Juillet

12 VENDREDI

Juillet						
L	M	M	J	V	S	D
1	2	3	4	5	6	7
8	9	10	11	12	13	14
15	16	17	18	19	20	21
22	23	24	25	26	27	28
29	30	31				

13 SAMEDI

14 DIMANCHE

Notes

Juillet

15 LUNDI

16 MARDI

17 MERCREDI

18 JEUDI

19 VENDREDI

<table>
<tr><th colspan="7">Juillet</th></tr>
<tr><td>L</td><td>M</td><td>M</td><td>J</td><td>V</td><td>S</td><td>D</td></tr>
<tr><td>1</td><td>2</td><td>3</td><td>4</td><td>5</td><td>6</td><td>7</td></tr>
<tr><td>8</td><td>9</td><td>10</td><td>11</td><td>12</td><td>13</td><td>14</td></tr>
<tr><td>15</td><td>16</td><td>17</td><td>18</td><td>19</td><td>20</td><td>21</td></tr>
<tr><td>22</td><td>23</td><td>24</td><td>25</td><td>26</td><td>27</td><td>28</td></tr>
<tr><td>29</td><td>30</td><td>31</td><td></td><td></td><td></td><td></td></tr>
</table>

Notes

20 SAMEDI

21 DIMANCHE

Juillet

22 LUNDI

23 MARDI

24 MERCREDI

25 JEUDI

26 VENDREDI

Juillet						
L	M	M	J	V	S	D
1	2	3	4	5	6	7
8	9	10	11	12	13	14
15	16	17	18	19	20	21
22	23	24	25	26	27	28
29	30	31				

Notes

27 SAMEDI

28 DIMANCHE

Juillet

29 LUNDI

30 MARDI

31 MERCREDI

1 JEUDI

2 VENDREDI

Août						
L	M	M	J	V	S	D
			1	2	3	4
5	6	7	8	9	10	11
12	13	14	15	16	17	18
19	20	21	22	23	24	25
26	27	28	29	30	31	

3 SAMEDI

4 DIMANCHE

Notes

Lun	Mar	Mer	Jeu	Ven	Sam	Dim
29	30	31	1	2	3	4
5	6	7	8	9	10	11
12	13	14	15	16	17	18
19	20	21	22	23	24	25
26	27	28	29	30	31	1

Important ce mois-ci

NOTES

MES TÂCHES À FAIRE

LOISIRS

OBJECTIFS

Août

<table>
<tr><td>

5   LUNDI

</td><td>

6   MARDI

</td></tr>
<tr><td>

7   MERCREDI

</td><td>

8   JEUDI

</td></tr>
</table>

9 VENDREDI

Août

L	M	M	J	V	S	D
			1	2	3	4
5	6	7	8	9	10	11
12	13	14	15	16	17	18
19	20	21	22	23	24	25
26	27	28	29	30	31	

Notes

10 SAMEDI

11 DIMANCHE

Août

12 LUNDI

13 MARDI

14 MERCREDI

15 JEUDI

Août

16 VENDREDI

<table>
<tr><th colspan="7">Août</th></tr>
<tr><td>L</td><td>M</td><td>M</td><td>J</td><td>V</td><td>S</td><td>D</td></tr>
<tr><td></td><td></td><td></td><td>1</td><td>2</td><td>3</td><td>4</td></tr>
<tr><td>5</td><td>6</td><td>7</td><td>8</td><td>9</td><td>10</td><td>11</td></tr>
<tr><td>12</td><td>13</td><td>14</td><td>15</td><td>16</td><td>17</td><td>18</td></tr>
<tr><td>19</td><td>20</td><td>21</td><td>22</td><td>23</td><td>24</td><td>25</td></tr>
<tr><td>26</td><td>27</td><td>28</td><td>29</td><td>30</td><td>31</td><td></td></tr>
</table>

17 SAMEDI

18 DIMANCHE

Notes

Août

19 LUNDI

20 MARDI

21 MERCREDI

22 JEUDI

23 VENDREDI

<table>
<tr><th colspan="7">Août</th></tr>
<tr><td>L</td><td>M</td><td>M</td><td>J</td><td>V</td><td>S</td><td>D</td></tr>
<tr><td></td><td></td><td></td><td>1</td><td>2</td><td>3</td><td>4</td></tr>
<tr><td>5</td><td>6</td><td>7</td><td>8</td><td>9</td><td>10</td><td>11</td></tr>
<tr><td>12</td><td>13</td><td>14</td><td>15</td><td>16</td><td>17</td><td>18</td></tr>
<tr><td>19</td><td>20</td><td>21</td><td>22</td><td>23</td><td>24</td><td>25</td></tr>
<tr><td>26</td><td>27</td><td>28</td><td>29</td><td>30</td><td>31</td><td></td></tr>
</table>

Notes

24 SAMEDI

25 DIMANCHE

Août

26 LUNDI

27 MARDI

28 MERCREDI

29 JEUDI

30 VENDREDI

Août

L	M	M	J	V	S	D
			1	2	3	4
5	6	7	8	9	10	11
12	13	14	15	16	17	18
19	20	21	22	23	24	25
26	27	28	29	30	31	

Notes

31 SAMEDI

1 DIMANCHE

Septembre

Lun	Mar	Mer	Jeu	Ven	Sam	Dim
26	27	28	29	30	31	1
2	3	4	5	6	7	8
9	10	11	12	13	14	15
16	17	18	19	20	21	22
23	24	25	26	27	28	29
30	1	2	3	4	5	6

Important ce mois-ci

NOTES

MES TÂCHES À FAIRE

LOISIRS

OBJECTIFS

Septembre

2 LUNDI

3 MARDI

4 MERCREDI

5 JEUDI

6 VENDREDI

| | Septembre | | | | | |
L	M	M	J	V	S	D
						1
2	3	4	5	6	7	8
9	10	11	12	13	14	15
16	17	18	19	20	21	22
23	24	25	26	27	28	29
30						

Notes

7 SAMEDI

8 DIMANCHE

Septembre

9 LUNDI

10 MARDI

11 MERCREDI

12 JEUDI

13 VENDREDI

Septembre						
L	M	M	J	V	S	D
						1
2	3	4	5	6	7	8
9	10	11	12	13	14	15
16	17	18	19	20	21	22
23	24	25	26	27	28	29
30						

Notes

14 SAMEDI

15 DIMANCHE

Septembre

16 LUNDI

17 MARDI

18 MERCREDI

19 JEUDI

20 VENDREDI

21 SAMEDI

22 DIMANCHE

Septembre

L	M	M	J	V	S	D
						1
2	3	4	5	6	7	8
9	10	11	12	13	14	15
16	17	18	19	20	21	22
23	24	25	26	27	28	29
30						

Notes

Septembre

23 LUNDI

24 MARDI

25 MERCREDI

26 JEUDI

27 VENDREDI

Septembre						
L	M	M	J	V	S	D
						1
2	3	4	5	6	7	8
9	10	11	12	13	14	15
16	17	18	19	20	21	22
23	24	25	26	27	28	29
30						

Notes

28 SAMEDI

29 DIMANCHE

Octobre

Lun	Mar	Mer	Jeu	Ven	Sam	Dim
30	1	2	3	4	5	6
7	8	9	10	11	12	13
14	15	16	17	18	19	20
21	22	23	24	25	26	27
28	29	30	31	1	2	3

Important ce mois-ci

NOTES

MES TÂCHES À FAIRE

LOISIRS

OBJECTIFS

Octobre

30 LUNDI

1 MARDI

2 MERCREDI

3 JEUDI

4 VENDREDI

Octobre

L	M	M	J	V	S	D
	1	2	3	4	5	6
7	8	9	10	11	12	13
14	15	16	17	18	19	20
21	22	23	24	25	26	27
28	29	30	31			

5 SAMEDI

6 DIMANCHE

Notes

Octobre

7 LUNDI

8 MARDI

9 MERCREDI

10 JEUDI

11 VENDREDI

Octobre						
L	M	M	J	V	S	D
	1	2	3	4	5	6
7	8	9	10	11	12	13
14	15	16	17	18	19	20
21	22	23	24	25	26	27
28	29	30	31			

12 SAMEDI

13 DIMANCHE

Notes

Octobre

14 LUNDI

15 MARDI

16 MERCREDI

17 JEUDI

18 VENDREDI

Octobre						
L	M	M	J	V	S	D
	1	2	3	4	5	6
7	8	9	10	11	12	13
14	15	16	17	18	19	20
21	22	23	24	25	26	27
28	29	30	31			

Notes

19 SAMEDI

20 DIMANCHE

Octobre

21 LUNDI

22 MARDI

23 MERCREDI

24 JEUDI

25 VENDREDI

Octobre

L	M	M	J	V	S	D
	1	2	3	4	5	6
7	8	9	10	11	12	13
14	15	16	17	18	19	20
21	22	23	24	25	26	27
28	29	30	31			

Notes

26 SAMEDI

27 DIMANCHE

Octobre

28 LUNDI

29 MARDI

30 MERCREDI

31 JEUDI

1 VENDREDI

Novembre

L	M	M	J	V	S	D
				1	2	3
4	5	6	7	8	9	10
11	12	13	14	15	16	17
18	19	20	21	22	23	24
25	26	27	28	29	30	

Notes

2 SAMEDI

3 DIMANCHE

Novembre

LUN	MAR	MER	JEU	VEN	SAM	DIM
28	29	30	31	1	2	3
4	5	6	7	8	9	10
11	12	13	14	15	16	17
18	19	20	21	22	23	24
25	26	27	28	29	30	1

IMPORTANT CE MOIS-CI

En toute chose, l'on ne reçoit qu'en raison de ce que l'on donne.

Honoré de Balzac

NOTES

MES TÂCHES À FAIRE

LOISIRS

OBJECTIFS

Novembre

4 LUNDI

5 MARDI

6 MERCREDI

7 JEUDI

8 VENDREDI

9 SAMEDI

10 DIMANCHE

Novembre

L	M	M	J	V	S	D
				1	2	3
4	5	6	7	8	9	10
11	12	13	14	15	16	17
18	19	20	21	22	23	24
25	26	27	28	29	30	

Notes

Novembre

11 LUNDI

12 MARDI

13 MERCREDI

14 JEUDI

15 VENDREDI

Novembre						
L	M	M	J	V	S	D
				1	2	3
4	5	6	7	8	9	10
11	12	13	14	15	16	17
18	19	20	21	22	23	24
25	26	27	28	29	30	

16 SAMEDI

17 DIMANCHE

Notes

Novembre

18 LUNDI

19 MARDI

20 MERCREDI

21 JEUDI

22 VENDREDI

23 SAMEDI

24 DIMANCHE

Novembre

L	M	M	J	V	S	D
				1	2	3
4	5	6	7	8	9	10
11	12	13	14	15	16	17
18	19	20	21	22	23	24
25	26	27	28	29	30	

Notes

Novembre

25 LUNDI

26 MARDI

27 MERCREDI

28 JEUDI

29 VENDREDI

Novembre

L	M	M	J	V	S	D
				1	2	3
4	5	6	7	8	9	10
11	12	13	14	15	16	17
18	19	20	21	22	23	24
25	26	27	28	29	30	

Notes

30 SAMEDI

1 DIMANCHE

Décembre

Lun	Mar	Mer	Jeu	Ven	Sam	Dim
25	26	27	28	29	30	1
2	3	4	5	6	7	8
9	10	11	12	13	14	15
16	17	18	19	20	21	22
23	24	25	26	27	28	29
30	31	1	2	3	4	5

Important ce mois-ci

NOTES

MES TÂCHES À FAIRE

LOISIRS

OBJECTIFS

Décembre

2 LUNDI	**3** MARDI
4 MERCREDI	**5** JEUDI

6 VENDREDI

Décembre

L	M	M	J	V	S	D
						1
2	3	4	5	6	7	8
9	10	11	12	13	14	15
16	17	18	19	20	21	22
23	24	25	26	27	28	29
30	31					

Notes

7 SAMEDI

8 DIMANCHE

Décembre

9 LUNDI

10 MARDI

11 MERCREDI

12 JEUDI

13 VENDREDI

14 SAMEDI

15 DIMANCHE

Décembre

L	M	M	J	V	S	D
						1
2	3	4	5	6	7	8
9	10	11	12	13	14	15
16	17	18	19	20	21	22
23	24	25	26	27	28	29
30	31					

Notes

Décembre

16 LUNDI

17 MARDI

18 MERCREDI

19 JEUDI

20 VENDREDI

Décembre						
L	M	M	J	V	S	D
						1
2	3	4	5	6	7	8
9	10	11	12	13	14	15
16	17	18	19	20	21	22
23	24	25	26	27	28	29
30	31					

Notes

21 SAMEDI

22 DIMANCHE

Décembre

23 LUNDI

24 MARDI

25 MERCREDI

26 JEUDI

27 VENDREDI

<table>
<tr><td colspan="7" align="center">Décembre</td></tr>
<tr><td>L</td><td>M</td><td>M</td><td>J</td><td>V</td><td>S</td><td>D</td></tr>
<tr><td></td><td></td><td></td><td></td><td></td><td></td><td>1</td></tr>
<tr><td>2</td><td>3</td><td>4</td><td>5</td><td>6</td><td>7</td><td>8</td></tr>
<tr><td>9</td><td>10</td><td>11</td><td>12</td><td>13</td><td>14</td><td>15</td></tr>
<tr><td>16</td><td>17</td><td>18</td><td>19</td><td>20</td><td>21</td><td>22</td></tr>
<tr><td>23</td><td>24</td><td>25</td><td>26</td><td>27</td><td>28</td><td>29</td></tr>
<tr><td>30</td><td>31</td><td></td><td></td><td></td><td></td><td></td></tr>
</table>

28 SAMEDI

29 DIMANCHE

Notes

Décembre

30 LUNDI

31 MARDI

1 MERCREDI

2 JEUDI

3 VENDREDI

4 SAMEDI

5 DIMANCHE

Janvier

L	M	M	J	V	S	D
		1	2	3	4	5
6	7	8	9	10	11	12
13	14	15	16	17	18	19
20	21	22	23	24	25	26
27	28	29	30	31		

Notes

Calendrier hebdomadaire

HEURE	LUNDI	MARDI	MERCREDI	JEUDI	VENDREDI	SAMEDI

NOTES

Jours fériés 2019 – 2020

Jour férié	2019	2020
Jour de l'an	1 janvier	1 janvier
Lundi de Pâques	22 avril	13 avril
Fête du Travail	1 mai	1 mai
Victoire des alliés	8 mai	8 mai
Jeudi de l'Ascension	30 mai	21 mai
Lundi de Pentecôte	10 juin	1 juin
Fête nationale	14 juillet	14 juillet
Assomption	15 août	15 août
La Toussaint	1 novembre	1 novembre
Armistice	11 novembre	11 novembre
Noël	25 décembre	25 décembre

Notes

____

____

____

____

____

Contacts

Contacts

Liste idées cadeaux

Liste de mes lectures

Notes